GEFÄHRLICHE
VERSTEC
WALT DISNEY
Kinder, ich bedarf unbedingt eurer moralischen Unterstützung! Ihr müßt mich zu Professor Morpheus begleiten!
Wer ist denn das schon wieder?
Was willst du denn bei ihm?
D.1272.A

W0394371

Er ist Facharzt für Oneiromantie!
Für was, bitte?
Das heißt auf deutsch Traumdeutung!
HANDBUCH
Ich hatte nämlich heute nacht einen fürchterlichen Alptraum, und den soll er mir erklären!
Du hinkst ja, Onkel Dagobert!
Ich weiß! Das ist eine Folge meines Traumes!
PROF. MORPHEUS
ONEIROMANTIE
CHIROMANTIE
RHABDOMANTIE
In der Praxis...
Also, erzählen Sie mal schön der Reihe nach, Herr Duck!
Da muß ich aber sehr weit ausholen!

Hoffentlich nicht bis Adam und Eva!
Nein, keine Sorge! Also: letzte Nacht...
„...träumte ich, ich hätte meine achtzehn Tonnen Gold in Barren eingeschmolzen!"
Damit bau' ich eine Pyramide, hinter der sich die ägyptischen verstekken können!
„Und die Spitze der Pyramide krönte ich mit meiner persönlichen Flagge..."
DD
Auf diesem meinem Denkmal will ich mein Banner errichten...

„Doch in diesem Augenblick machte ich eine falsche Bewegung und..."
Ach du Schreck!
„...stürzte die ganzen dreißig Stufen in die Tiefe."
HIIIILFE!
HOLTER-DI-POLTER!
RUMS!
WUMS!
Aua!
ZACK!
Hilfe! Donald! Bist du denn nie da, wenn man dich braucht?
Bist du hingefallen, Onkel Dagobert?
Hast du dir weh getan?
Ihr Schlaumeier! Ihr merkt auch alles!

Aua! Nicht! Mein Bein!
Du mußt sofort ins Krankenhaus!
Ich ruf' einen Krankenwagen!
Laß das, du Verschwender! Das sind unnötige Ausgaben!
SPEZIALKLINIK PROF. DR. BEINBRUCH
EINZEL- UND MEHRBETT-ZIMMER – AB 10 PERSONEN 20 PROZENT RABATT
BITTE RUHE! KRANKENHAUS
Aus der Baaahn!
TÜTÜT!
WRUMM!
ROARRR!
ROARRR!

„Der Professor tastete vorsichtig mein Bein ab…"
Gut, gut… sehr gut… ausgezeichnet…
„…drehte es in alle vier Himmelsrichtungen…"
Hmm… dem Bein scheint nichts zu fehlen!
Logisch! Das ist ja das gesunde!
„Dieselbe Prozedur mit dem linken Bein…"
Schlecht, schlecht… sehr schlecht!
„Seine fachlichen Kommentare verwirrten mich…"
Was… Was… Was soll das nun heißen, Herr Professor?
Tja, mein Lieber, ich muß Ihr linkes Bein auswechseln!
Wenn Sie schon dabei sind, könnten Sie mir nicht eins aus Gold einsetzen?
Das hab' ich noch nie gemacht!
Es gibt immer ein erstes Mal, Herr Professor!
Gut! Ich versuch's!

„Die Operation war ein voller Erfolg, und knapp zwei Wochen später verließ ich die Klinik mit einem Bein aus Gold..."
Sagenhaft!
Ich sag's ja: Unsere Ärzte schaffen alles!
Ob er gegen Diebstahl versichert ist?
Nicht, daß ich das nötig hätte, aber mein Image ist dadurch enorm gestiegen!
T T T T T T
„Doch mein Bein zog nicht nur wohlwollende Blicke auf sich..."
So ein Glück! Die Zeitung von gestern!
„Ich setzte mich auf eine Parkbank, um in Ruhe zu lesen..."

Was war denn das? Ach so! Der Alarm!
RITSCH!
RATSCH!
SCHRILL!
Was machen Sie da?
Oooch, ich... ich wart' nur auf den Bus!
Da vorn ist die Haltestelle! Wünsche gute Reise!
Auaaaa!
ZACK!
Zum Glück hab' ich dieses Warnsystem ausgeklügelt!
„Doch eines schlimmen Tages sah ich Klaas Klever zusammen mit den Panzerknackern auf mich losstürzen..."
Ach du Schreck!
Da ist er ja!
Unser hochkarätiger Freund!
Auf ihn! Jippieh!

Nein! Nicht! Keuch!
Ich krieg' Sie schon!
Na bitte!
Huch!
„Wie ein Mehlsack fiel ich auf den Boden..."
Uff!
PLUMPS!
„In diesem Augenblick wachte ich auf..."
Uff!
PLUMPS!
„Ich war aus dem Bett gefallen, dabei gegen den Nachttisch gestoßen und..."
Autsch!
KLIRR!

So! Das war mein ganzer Traum!
Tja, mein Lieber, da haben Sie mir eine harte Nuß zu knakken gegeben!
Glauben Sie, der Traum hat wirklich was zu bedeuten?
Das werden wir gleich haben! Augenblick, bitte!
TRAUM-DEUTUNG
Ja, hier... Moment, murmel... murmel...
Hier steht's! „Bein" bedeutet „Flucht"! Man sagt ja auch: „Nimm die Beine unter den Arm!"
Ja, da haben Sie recht!
Und da Ihr Bein aus Gold war, bedeutet das: Nehmen Sie Ihr Gold unter den Arm!
Aber... wie soll ich denn achtzehn Tonnen tragen?

Das ist doch nicht so wörtlich zu verstehen! Aber eins ist mir noch nicht klar...
Was denn?
Dieser Klaas Klever, existiert der nur in Ihrer Phantasie oder...
Das wär' schön! Dann hätt' ich eine Sorge weniger!
So ist das also!
Der würde Millionen zahlen, wenn er mich ruinieren könnte!
Als ob ich das nicht wüßte!
Dann ist ja alles klar: Sie leiden unter dem Trauma, daß Ihnen dieser Herr alles wegnehmen könnte!
Leider!
Kann man dagegen nichts tun?

O doch! Sie müssen ein sicheres Versteck für Ihr Gold finden!
Leicht gesagt! Der kennt doch alle meine Geheimplätze längst!
Dann müssen Sie eben einen noch geheimeren finden!
Schon! Aber wie?
In Ihrem Traum standen Sie doch auf einer Pyramide und fielen runter...
Worauf wollen Sie denn hinaus?
Bleib lieber unten!
Bravo, junger Mann! Sie haben Verstand!
Danke! Danke!
KLOPF! KLOPF!
Verstecken Sie Ihr Gold am besten in der tiefsten Tiefe des Meeres!
Welches Meer würden Sie mir da empfehlen?

Am besten den Stillen Ozean! Der ist ideal dafür!
Wie wär's mit dem Marianen-graben?
Wie tief ist der denn?
11 034 Meter!
Würde das ge-nügen?
Und ob!
Also gut! Wir verladen die achtzehn Tonnen und brin-gen sie...
...an die tiefste Stelle die-ses Gra-bens!
Gut zu wissen!
Wie hoch ist nun Ihr Hono-rar?
Vergessen Sie den schnöden Mammon! Es gibt Wichti-geres!
Mir genügt die Ehre, Ih-nen einen Rat gege-ben haben zu dürfen, Herr Duck!
Das hört man gern!

Ich muß sagen, ein Mann mit Takt!
Ja, davon müßt's mehr geben!
He-he!
Hallo, Herr Klever! Wären Sie an einer einmaligen Information interessiert?
Was ist es denn?
Man stelle sich vor: Der alte Duck will seine achtzehn Tonnen Gold im Marianengraben verstecken!
Da dürfen wir nicht fehlen!
KLACK
KK
Allerdings! Und ich will meinen Hut auffressen, wenn wir da nicht rankommen!
Wie wär's, wenn wir da unten auf ihn warten würden?
Nein! Ich hab' einen besseren Plan!

Inzwischen...
Wenn ich recht verstanden habe, soll ich für Sie eine Tiefseetauchkugel konstruieren?
Sagen Sie bloß, das können Sie nicht!
Ich muß doch sehr bitten! Aber Tauchkugeln sind ein alter Hut! Kein Mensch benützt mehr so was!
Was schlagen Sie dann vor?
Ganz einfach! Ein Bathyskaph!
Aber das braucht doch Zeit!
Nicht bei mir! Ich habe bereits eins entwickelt!
Da passen Sie alle fünf bequem rein!
Wunderbar!
Halt, halt! Nicht so eilig!

Wenn ich einer von den fünfen sein soll, wird nichts draus!
Was hast du eben gesagt?
Du hast mich schon richtig verstanden!
Du undankbarer Geselle! Da kriegst du einen kostenlosen Badeurlaub und lehnst einfach ab!
Das ist ja die Höhe! Seit wann bezeichnet man Tiefseetauchen als Badeurlaub?
Wieso? Wo ist der Unterschied?
Da ist ein gewaltiger Unterschied, für den ich eine Ausgleichszahlung verlange!
Grr! Wieviel?
Wie tief ist der Graben doch gleich?
Genau 11 034 Meter!

Großzügig, wie ich nun mal bin, erlass' ich dir die 34! Aber pro 1000 Meter will ich einen Taler!
Na gut! Also insgesamt 8 Taler!
Kannst du nicht rechnen? Elf Taler!
Quatsch! **Acht Taler!**
Elf!
Achteinhalb!
Zehn!
Achtdreiviertel!
Neun!
Also gut! Neun! **Klar?**
Seht ihr, wie leicht es ist, handelseinig zu werden?
Schon, aber da gibt's noch ein Problem!
Wenn die achtzehn Tonnen erst mal in dem Tauchgerät sind, ist für uns doch kein Platz mehr!
Stimmt!
Auch daran hab' ich gedacht!

Ihr Geld kommt in einen Behälter, der am Bauch des Bathyskaphs befestigt wird! Sehn Sie mal!
Sobald Sie am Ziel sind, betätigen Sie diesen Hebel, und der Behälter löst sich! Wie bei einer Henne, die ein Ei legt!
Hihi! Das Huhn, das goldene Eier legt!
Nachdem auch dieses Problem gelöst ist...
Die Idee mit dem Lufttransport war einfach Spitze! Und spart uns viel Zeit!
Wie sagt doch der Volksmund: Zeit ist Geld!
Hoffentlich hat uns niemand beobachtet!
Seien Sie unbesorgt! Außer uns weiß kein Mensch davon!
Schau, schau, der alte Fuchs glaubt, er könne sich ungesehen davonmachen!

Bestimmt ist er fest davon überzeugt, daß ihm keiner folgt!
Nur, daß ihm das nichts nützt, weil wir ja sein Ziel kennen. Und im richtigen Augenblick...
Aber wie wollen wir ihn einholen? Mit seinem Flugzeug ist er doch viel schneller dort als wir!
Das gehört auch zu meinem Plan!
Erst wenn er sein Gold deponiert hat und wieder abgedampft ist, kommt unser großer Auftritt! Gut, was?
Und keiner kommt uns in die Quere, wenn wir absahnen!
KK

Nach wenigen Stunden Flug...
Wir sind am Ziel! Alle Mann ins Bathyskaph! Aber ein bißchen dalli!
Los, los, ihr Schlafmützen!
Wir wären soweit, Herr Düsentrieb!
Gut!
Viel Glück und gut Tauch!
PLATSCH!

Mann, gibt's hier Fische! Da lacht des Anglers Herz!
Iiih! Hiiiilfe!
Was ist das?
Ein... ein Polyp!
Hau bloß ab!

BONK!
BONK!
BONK!
Mach endlich, daß du weg-kommst, du Untier!
BÄÄÄÄÄH!
Endlich...
Manieren haben die!
Ich würde vorschlagen, wir bleiben die Nacht über hier unten!
Wozu denn das?
Weil es oben bereits Nacht ist und wir sowieso nichts sehn!

Morgen früh, wenn's hell ist, ist die Sicht doch ungleich besser!
Dann bleibt uns wohl nichts anderes übrig!
CHRR! CHR!
Onkel Donald schläft schon wie ein Murmeltier!
Kein Wunder in 11034 Metern Tiefe!
Am folgenden Morgen...
Onkel Dagobert, komm mal schnell her!
Was gibt's denn?
Das sieht aus wie ein riesiger Kugelfisch!
Aber Kinder, seit wann fürchtet ihr euch vor Fischen?
Huch! Eine Taucherkugel! Und an Bord ist Klaas Klever!
Hehe! Hehehe!

Wir müssen sofort nach oben! Den Goldbehälter nehmen wir natürlich wieder mit!
KLICK!
SURRR!
Herr Klever, Ihr Rivale taucht wieder auf!
Von mir aus!
He, ihr da oben! Hievt uns hoch!
Okay, Boß!
DRRRRR! DRRR!
Keuch! Keuch!
Ächz! Stöhn!
Klever kommt näher!
Geht's nicht schneller?
Leider nein! Die Maschine gibt nicht mehr her!

Achtung!
Ich ver-
such', ihn
zu rammen!
He!
He!
He!
Attacke!
RUMS!
He!
Uff!
Hehe! Den wären
wir los!

Schluck! Sein Schiff! Daran hab' ich nicht gedacht!
Und Herr Düsentrieb ist nirgends zu sehen!
Ja, wen haben wir denn da?
Hände hoch! Los!
176-176
PENG! PENG!
ZIPP!
ZIPP!
ZIPP!
Laßt den Unsinn!
Da kommt Herr Düsentrieb!

ROARRRR!
Hierher! Schneller!
KLONG!
Halt den Haken fest, Donald!
BOING!
Na also!

Geschafft! Auf geht's, Herr Ingenieur!
Die kostbare Fracht wird wieder an Bord gehievt und in Sicherheit gebracht...
Wieso haben Sie Ihr Gold denn nicht unten gelassen, Herr Duck?
Sie sind gut! Da lag doch schon Klaas Klever auf der Lauer!
Hmm... eine böse Sache!
Allerdings!
Jetzt sind wir wieder so weit wie vorher! Wie find' ich nur ein sicheres Versteck?
Hmmm... mal überlegen!

Während alle angestrengt nachdenken, wo Onkel Dagobert sein Gold verstecken könnte...
ROARRR!
Sind wir nicht bald daheim?
O nein, das dauert noch!
Hilfe! Wir stürzen ab!
Keine Panik! Das war nur ein Luftloch!
Darauf kann ich gern verzichten!
Achtung! Noch eins!
Hiiiiilfe!
Nicht den Hebel!

Zu spät...
Wieso? Was ist mit dem Hebel?
Damit geht unten die Ladeluke auf!
Grrrr! Was hast du bloß ange-stellt?
Mein schönes Gold versinkt in den tiefsten Tiefen des Meeres!

PLATSCH!
Buhuuu! Ich bin ruiniert! Ich Unglücksrabe!
Wieso ich? Wer ist denn hier der Unglücksrabe? Du!!!
Ich? Wieso grade ich?
Hast du etwa nicht meine achtzehn Tonnen Gold ins Meer fallen lassen?
D... das schon!
Dann hol sie gefälligst wieder rauf!
Soll ich da etwa runter? Ganz ohne Taucherglocke?
Keine Sorge! Wir sind hier in Küstennähe!
Und ihr überwacht das Ganze!

Ich geh' mal etwas tiefer! Können Sie was sehn, Herr Duck?
Wasser, nichts als Wasser!
Halt! Ich seh' das Bathyskaph!
Es liegt gar nicht so weit unten!
Wie tief schätzt ihr?
Zwanzig Meter, mehr nicht!
Was? So tief?
Hast du etwa Angst, die paar Meter zu tauchen?
Runter mit dir! Ich will dich erst wiedersehn, wenn das Bathyskaph an diesem Haken hängt!
Aua!

SPLOTSCH!
Puh!
Wieder zurück...
SPOTZ!
Heda!
Sogar ans Mittagessen hat er gedacht! Toll!
Von wegen Essen! Mir reicht's! Ich will nach Hause!
Für den Augenblick ist Onkel Dagoberts Geld zwar in Sicherheit, doch damit ist das Problem noch lange nicht gelöst. Die wichtigste Frage ist nun, was wird sich Herr Düsentrieb noch einfallen lassen, um Onkel Dagoberts schwierigen Wunsch zu erfüllen...

Niedergeschlagen und deprimiert tritt man die Heimreise an. Nach all den Aufregungen und Mißerfolgen will es keinem so richtig gelingen, den langen Flug zu genießen. Und so sind alle froh, als man endlich wieder in Entenhausen landet...
Zwei Tage später trifft man sich zu einer neuen Lagebesprechung bei Daniel Düsentrieb...
Seufz! Wo find' ich bloß ein sicheres Versteck?
Sie haben doch gesagt, Sie wüßten eins, Herr Düsentrieb!
Allerdings! Meinerseits ist das Problem schon so gut wie gelöst!
Hört! Hört!
ERFINDUNGEN NACH MASS
LAGER FÜR PATENTIERTE ERFINDUNGEN
J.1273.A

Nicht selten findet man die Lösungen seiner Probleme ja im Traum...
O ja! Mein Onkel kann ein Lied davon singen!
Pst! Unterbrich ihn nicht!
Doch die Deutung mit dem Marianengraben hat sich nun leider als falsch erwiesen!
Das ist mir inzwischen auch klar geworden!
Und was ist nun das Gegenteil von einer Meerestiefe?
Hmm... Tja... das ist...
Ein ganz hoher Berggipfel natürlich!
Genau!
Sie müssen Ihr Geld also an der höchsten Stelle der Welt lagern!
So? Und die wäre?

Der Mount Everest mit einer Höhe von 8848 Metern!
Würde das denn reichen?
Haben Sie einen besseren Vorschlag?
Also gut! Und ich weiß auch schon, wer den Transport übernimmt: du!
Was?
Aber für eine Expedition auf den Everest braucht man Sherpas, Onkel Dagobert!
Was ist denn das schon wieder?
Das sind einheimische Träger!
Puh! Was mich das kostet!
Na, wenigstens bist **du** kostenlos!
Tut mir leid! Mit mir kannst du da nicht rechnen! Ich bin nicht schwindelfrei!

Keine Widerrede! Du kommst mit! Und damit basta!
Halt! Warten Sie doch!
Wir laden alles auf einen Schlitten, und gezogen wird er...
...von Donald!
Mpf! Das wird ja immer schöner!
Aber nein! Das erledigt eine solargetriebene Zugmaschine für uns!
Von wem getrieben?
Wie bitte?
Kommen Sie, ich zeig' Ihnen, was ich meine!
Da bin ich aber gespannt! Selbst in meinem Alter lernt man nicht aus.
Da! Belastet die Umwelt nicht, verbraucht keinen raren Treibstoff und ist obendrein auch noch billig!
Wunderbar!
Sachen gibt's!

Diese Siliziumzellen wandeln das Sonnenlicht in elektrische Energie um, die in einem Akkumulator gespeichert wird!
Und dieser betreibt dann die Zugmaschine!
Sagenhaft!
Der Haken ist nur...
Ohne Sonne bleibt die Maschine doch stehn, oder?
Keineswegs! Die Zugmaschine ist zusätzlich auch noch mit einer Batterie ausgestattet.
Ohne Sonne entlädt sie sich allerdings mit der Zeit und wird erst durch Sonneneinwirkung wieder aufgeladen!
Sonst noch was?
Nein, alles bestens!
Hoffentlich scheint die Sonne dort auch lang genug!
Meine Güte, bist du pessimistisch!

Wann starten wir?
Ich würde sagen, sobald Zugmaschine und Frachtschlitten verladen sind!
Aber ich schlage vor, daß wir diesmal einen Jet nehmen, dann dauert's nicht so lang!
Kurze Zeit später...
?
Alles einsteigen! Die Expedition beginnt!
MOUNT EVEREST
8 848 METER

WRUMMM!
Nun, Herr Duck?
Gratuliere! Der Solarmotor ist ganz schön stark!
Solang es Sonne hat!
Fängst du schon wieder an?
Ich hab' doch nur gesagt...
Halt endlich den Schnabel, oder du gehst zu Fuß rauf!
Jaja! Grummel!
Zunächst steigt der Weg ganz gemächlich an...
Schon fast die Hälfte!
4000 METER
Doch das ändert sich...
6000 METER
Bald sind wir auf dem Gipfel!

Aber in diesem Moment...
Der Himmel verdunkelt sich!
Halb so schlimm! Das ist nur eine kleine Wolke ohne Bedeutung!
Da genügt ein Windstoß, und die Sonne scheint wieder! Sie werden sehn!
Ja, ja, wenn's bei einem „Windstoß" bliebe...
Oje, soviel Wind hätt's aber nicht gebraucht!
Das ist ja ein Orkan!
RAUSSS!
Keine Sorge! Solang der Akku aufgeladen ist, kann nichts passieren!
Und wenn er leer ist?
Hör endlich auf, Donald!
ZACK!
Doch dann...
Der Akku ist leer!
Das ist deine Schuld!
6500 METER

Grrr! Du alte Unke!
HILFE! HIIIILFE!
Wir müssen leider warten, bis die Sonne wieder scheint!
Das kann dauern!
Och, um diese Jahreszeit nicht allzu lang!
Brrr! Ist das kalt!
Steigt lie-ber ein!
Los, du auch! Aber wehe, du gibst nur einen Mucks von dir!
KICK!

Die Nacht sinkt hernieder und der Schnee auch...
Brr! Das hat uns grade noch gefehlt! Wenn das nur gut-geht!
Am nächsten Morgen...
Schöne Aus-sichten!
Ich friere wie ein Schnei-der!
Die folgende Nacht...
Am nächsten Tag...
?
Am dritten Tag...
Die Sonne ist wie-der da! Wir sind ge-rettet!
KRATZ! KRATZ!
KRATZ! KRATZ!
KRATZ!

Endlich
können wir
hier raus!
Wo ist Donald?
Vielleicht schläft er noch!
Typisch! Diese alte Schlaf-mütze!
Onkel Donald! Wach auf!
Der Arme! Er ist ein-gefroren!
Macht ein Feuer! Beeilt euch!

Das hat er absichtlich getan, damit ich noch mehr Zeit verliere!
Ts, ts, ts!
Die Solarzellen müssen freigelegt werden, damit sich der Akku aufladen kann!
Wird erledigt!
Ist er schon aufgetaut?
Noch nicht ganz!
Los! Sitz hier nicht so faul rum!
HAAAAA...
Nicht!
...TSCHI!

Dein Glück, daß ich dich noch brauche!
Gib die Schaufel!
MPF!
KLATSCH!
Kurz darauf geht's weiter...
TUCKER!
TUCKER!
Endlich!
Hmmm... so was!
Sie sehn so besorgt aus! Ist was?
Seltsam! Die Motorleistung wird immer schwächer!
Wir müssen es schaffen!

Kommt, Kinder! Alles aussteigen!
Ja, aber...
Raus, hab' ich gesagt! Und anschieben!
Auch das noch!
Hoppla!
Keuch! Keuch!
Ächz! Stöhn!
Bewegt euch! Mehr Dampf!
Nur noch ein paar Meter, Onkel Donald!
Ja, ja! Genau 848!
8000 METER
Dann endlich...
Hurra! Ich hab's geschafft!
Keuch!
Stöhn!

Hört! Hört! Er hat's geschafft!
Jawohl! Daß wir so geschafft sind!
Hehe! Ab heute wird der Mount Everest 8 866 Meter hoch sein!
MOUNT EVEREST 8848 METER
Was ist? Was lungert ihr da noch rum? Los, an die Arbeit!
Schnauf! Ächz!
Japs! Japs! Stöhn!
MOUNT EVEREST 8848 METER

Was hat dieses alberne Gestöhne zu bedeuten?
Daß wir völlig ausgepumpt sind!
Am Boden zerstört!
Und wenn du dein ganzes Gold sofort aufgehäuft haben willst, dann such dir gefälligst...
...einen anderen Dummen! Verstanden?
Was? Sogar dazu seid ihr noch zu faul!
Aber Herr Duck! Seien Sie doch nicht so hart!
Sieh doch auch mal was ein!
Nach der Anstrengung haben sie wirklich eine Rast verdient!
Na schön! Zwei Stunden Pause! Mehr nicht!
Vielleicht tut mir die auch ganz gut!

Wenig später schläft Onkel Dagobert ein...
...und träumt...
Hiermit taufe ich dich auf den Namen MOUNT GOLDREST!
DD
MOUNT EVEREST
8848 METER
PLUS
18 METER
Hurra!
KLATSCH!
KLATSCH!

Vorsicht, Onkel Dagobert! Paß auf!
O nein! KLAAS KLEVER!!!!!!
DRÖÖÖHN!
Er hat mein schönes Versteck entdeckt! Das überleb' ich nicht!
KK
DD
Hehehe!
HILFE! HILFE!
PRASSEL!

Oooh!
Hilfe!
Iiiih!
Autsch!
PLUMPS!
Was ist los?
Nun sag schon!
K... K... Klaas Klever!
Ts! Ts! Schon wieder ein Alptraum!
Nein! Er war wirklich da! Mit seinem Jet!
Ausgeschlossen! Wie soll er denn wissen, daß Sie hier sind?
Ich weiß auch nicht!
Vergessen Sie's! Laden wir lieber das Gold aus!

Ich hab' eine bessere Idee! Wir koppeln den Schlitten ab und lassen ihn hier!
Logisch! Das ist das beste!
So ein glänzender Haufen wär' auch viel zu auffällig gewesen!
Ja, das stimmt!
Was ist denn jetzt schon wieder?
Da! Seht ihr nicht? Ein... Ein Flugzeug!
Vielleicht ist es nur ein Kondor!
Die fliegen aber nicht über den Everest!
Ein Flugzeug ist es! Ich seh's ganz genau!
Sieh dir mal das an!
Eine Gruppe Bergsteiger neben einem Motorschlitten! Na und?

Hier kann mein Gold nicht bleiben! Koppeln Sie den Schlitten wieder an!
Aber die Zugmaschine ist doch...
Dann lassen wir sie eben hier! Los, schiebt mit an!
Achtung, fertig...
...los!
Vorwärts! Schneller!
SWUSCH!
SAUS!
Aua!
Hilfe!
KRACH!
Mist!

Schnell, Donald! Zieh den Schlitten mit der Winde an Bord!
Aye, aye, Sir!
Nach dieser letzten Anstrengung geht's wieder in Richtung Heimat...
Jetzt sind wir wieder so weit wie vorher!
Es ist zum Verzweifeln!
Ich seh' schon, auf der ganzen Erde gibt's keinen sicheren Ort!
Auf der Erde nicht...
...aber was halten Sie vom interplanetarischen Raum?
Wo soll ich denn die Rakete dazu hernehmen?
Kein Problem! Ich hätte schon eine auf Lager!
Worauf warten wir dann noch?

Und so...
WOSCH!
WUMMM!
Wissen Sie schon, wo wir landen werden?
Die Venus kommt auf keinen Fall in Frage! Zu nah an der Erde!
Der Mars ist auch noch zu nah! Das Sicherheitsrisiko, Sie verstehen!
1000
5000
Und auf dem Jupiter würden wir sofort erfrieren!

Und der Merkur?
Viel zu heiß! Dort herrschen Temperaturen von fast 400 Grad!
Sie können sich vorstellen, wie da Ihr Gold in kürzester Zeit aussehn würde!
Gibt's denn in diesem ganzen vermaledeiten Sonnensystem kein Plätzchen für mein Gold?
Geben tut's das schon, nur finden muß man es erst!
Ich hab's! Wir landen auf dem Saturnring!
Wieso? Was ist denn da?

Ein Mond namens Tantofix! Der könnte für unsre Zwecke geeignet sein!
Dann nichts wie hin!
Dort wird mein Gold endlich so sicher sein wie in Abrahams Schoß!
Doch Onkel Dagoberts Freude ist nur von kurzer Dauer...
Um Himmels willen! Wir werden von einem Satelliten verfolgt!
Aber das ist doch kein Satellit!
Was denn dann?
Ich hatte völlig vergessen, daß...
...die Sonde Pioneer XXI sich auf dem Flug zum Saturn befindet!

Dann erforscht sie bestimmt auch **unseren** Mond!
Ja. Und findet dabei Ihr schönes Gold!
Ich fürchte, hier oben finden wir auch kein geeignetes Versteck!
Dann müssen wir uns eben woanders umsehn!
Es bestünde noch eine Möglichkeit, aber...
Was gibt's da lang zu überlegen?
Ich bin mir noch nicht ganz sicher!
Zögern gibt's bei mir nicht!
So!
Was haben Sie getan?
KLICK!

Was ist denn los?
Sie haben die Zeitmaschine angestellt!
Von der ich noch nicht genau weiß, welche Auswirkungen sie hat! Ich konnte sie noch nicht testen.
Leben Sie wohl, werte Zeitgenossen!
Kreisch! Mein schönes Gold! Wo ist es?
Vergiß es! Das schwebt jetzt durch die Zeit!

YUKON
Uff!
Aua!
PLUMPS!
BOING!
Die Gegend hier kommt mir so bekannt vor!
Das glaub' ich! Wir sind nämlich in Klondike!
Wie ist denn das möglich?
Ganz einfach! Die Zeitmaschine hat uns in die Vergangenheit zurückgeworfen!
Genauer gesagt, in die Zeit des Goldrauschs!
Und meine achtzehn Tonnen Gold?
Die hattest du doch zu der Zeit noch gar nicht!

JIPPIEH!
Gold!
Hurra!
Gold!
Juhuuu!
Was ist hier los?
Das weißt du noch nicht, Opa? Am Klondike hat man wieder Gold gefunden!
Aber das war doch vor 50 Jahren!
Dann sind wir genau um diese Zeit zurückversetzt worden!

Buhuuu! Vor 50 Jahren betrug mein ganzer Reichtum genau null Komma null Taler!
Dann fängst du eben wieder bei Null an!
Hast du nicht hier mühsam deine erste Tonne Gold ausgewaschen?
So ist es! Und dann hab' ich in Oklahoma nach Öl gegraben und in Dakota geschürft!
Aber da war ich noch jung und stark! Jetzt dagegen...
Hast du noch immer genug Kräfte!
Richtig! Arbeitskräfte wie dich! Du wäschst für mich Gold, und ich geb' dir pro...
So ein Quatsch!
Vor 50 Jahren gab's mich doch noch gar nicht!
Da hast du leider recht!
Uns brauchst du auch nicht anzusehn!

Wenn er noch nicht geboren war, hat's uns erst recht nicht gegeben!
Dann bleibt nur noch Herr Düsentrieb übrig!
Aber, aber, da lag ich ja noch in den Windeln!
Ich hab' sogar noch meinen Sauger!
Wer bleibt dann noch übrig?
Niemand außer Ihnen! Da! Nehmen Sie schon!
Nur zu, Onkel Dagobert! Bei dem Tempo hast du in 50 Jahren deine achtzehn Tonnen beisammen!
Hihihi!
Nuckel! Nuckel! Nuckel!
Grummel!
ENDE

WALT DISNEY

Die Sauerstoffdusche aus dem All
„Die gute alte Erde", sagt man so schön – dabei ist sie voller Probleme und Konflikte! Doch es gibt einen Stern im Weltall, auf dem es fast noch schlimmer zugeht. Sehn wir uns den unendlich weit entfernt liegenden Planeten Transstellanien einmal aus der Nähe an...
J-B-992

Infolge des übermäßigen Gebrauchs motorisierter Fahrzeuge über Jahrhunderte hinweg, degenerierte der Bewegungsapparat der Bewohner so sehr, daß sie sich jetzt nur noch mit Hilfe von Gehmaschinen fortbewegen können...
Dazu kommt, daß durch den Raubbau an der Natur sogar die Versorgung mit Trinkwasser immer problematischer geworden ist...
Das schlimmste aber ist, daß die Atemluft immer weniger des lebensnotwendigen Sauerstoffes enthält und die Bewohner daher immer schwächer werden...
Jetzt hat's auch Zagor erwischt!

Gerade tagt im Regierungspalast der Krisenstab...

Welche Nachricht bringst du uns, Babor?
Keine gute!
Die Lage ist bedrohlich!

Ihr seid die einzigen, die dieses Problem lösen können!
Ich hoffe für uns alle nur, daß das auch rechtzeitig geschieht!
Inzwischen..
Noch nichts?
Abwarten!
SURRR!
Ich hab's!
ZISCH!
Die thermo-bakterielle Aufspaltung des Wassers ist die Lösung!
ZISCH!

Der Nachteil ist nur, daß es ziemlich lange dauert!
ZISCH!
Bis wir mit der Massenproduktion beginnen können, ist es wahrscheinlich schon zu spät. Was dann?
RATTER!
TICK!
RATTER!
Das befürchte ich auch. Wir schaffen es nicht mehr rechtzeitig!
Dann sind wir verloren.
Allerdings!
Wir müßten eine Übergangslösung finden! Das sind wir uns und unserem Volk schuldig!
Hmmm... es gibt eine Möglichkeit...
KLICK!
Wir könnten den Sauerstoff dort holen, wo er noch in Hülle und Fülle vorhanden ist!
Sehr richtig!

Werfen wir in der Zwischenzeit doch mal einen Blick nach Entenhausen...
Du bist ja ganz geschafft!
Du triffst den Nagel auf den Kopf!
DD
Probleme, Probleme und nochmals Probleme!
Man kann nichts unternehmen, ohne daß es auf Kritik und Widerstand stößt! Mir reicht's jetzt!
T
Was reicht dir? Dein Geld?
Nein! Der Anblick unzufriedener Gesichter!
T
ZACK!
AUA!
T

Mann, sind das viele!
Und dabei ist das nur die tägliche Nachmittagsdemonstration!
DD
TYRANN!
EKEL!
VAMPIR!
AUSBEUTER!
PROFITGEIER!
Das sind nur die Bankiers! Für heute abend haben sich die Handwerker angesagt!
Ich hab' die Nase voll! Ich mache Urlaub!
Arbeitsurlaub?

Diesmal nicht! Was haltet ihr von einer Kreuzfahrt, Kinder?
Juhuuuuuu!
Einige Tage später jedoch...
Also, wie ist es jetzt? Fahren wir?
Ja, aber nicht auf Kreuzfahrt, sondern auf die Pfingstinsel! Mein Vorarbeiter sagte, dort ging's drunter und drüber!
Was gibt's?
Das Übliche! Es wird wieder mal eine Arbeitsreise!
Und so...
Und die gehört dir?
Ja, mit allen Minen!

Die Kumpels weigern sich, weiterzuarbeiten, meldete der Vorarbeiter!
Zahl ihnen mehr!
Ach was, daran liegt's nicht! Sie fürchten sich vor dem Andalu!
Und was haben wir damit zu tun?
Wir werden ihnen beweisen, daß es den Andalu gar nicht gibt!
Aha!
Kurz darauf...
Nix zu machen, Señor! Andalu ist sehr, sehr gefährlich!
Haben Sie ihnen schon eine Sonderprämie versprochen?

Es hilft nichts, Señor!
Ts! Nicht mal die Flaschen haben sie weggeräumt!
Oh! Vielleicht ist in einer noch was drin. Das täte jetzt gut!
Nichts da! Wir machen uns sofort auf die Suche!
Später...
Keuch! Der Berg wird auch jedes Jahr steiler!
So! Dann wollen wir mal warten!
Worauf? Daß der Urlaub anfängt?

Siehst du nichts?
Nicht das geringste!
Ich möchte wetten, dieser Andalu existiert nur in ihrer Fantasie!
Ich neige auch zu dieser Annahme. Ja, ja, der Aberglaube!
Doch da...
Ein riesiger Komet!
Um Himmels willen!

Allmählich versteh' ich die Leute! Wer arbeitet schon gern unter solchen Bedingungen unter Tage?
Ein beeindruckendes Naturschauspiel!
WOPP!
Kommt! Wir wagen es!
Was denn?
Wir und die Kamera steigen hinab!
Ich möchte rauskriegen, was das war! Dann fotografier' ich's!

Im Krater-
inneren...
Ich seh'
nichts!
Nicht zu fassen!

Hmmm... es
müßten doch
irgendwelche
Spuren zu se-
hen sein!
Vielleicht war's
gar kein Ko-
met!

Am besten, wir setzen
uns an den Kraterrand
und warten ab!
Na
schön!

Am nächsten Abend...
Pssst!
PFFF!
PFFF!
PFFF!
Aufgepaßt! Da tut sich was!
PFFF!
PFFF!
PFFF!
PFFF!
PFFF!
Luft! Luft!
Hilfe! Ich ersticke!
Es ist...
uner...
...träglich!
WOSCHH!

Weg ist es!
Sieht nach 'ner Rakete aus!
WOSCH
Dann müßte da unten doch auch eine Startrampe sein!
Achtung!
Halt!
BLITZ!
Huch!
Ein Erdenbe-wohner!

Gib mir das Lasso!
Paß aber auf!
PLUMPS!
Euer Spiel ist aus!
Kurz darauf...
Ehrenwort! Wir haben keine bösen Absichten!
Uns zwingt bittere Not!

Transstellanien, unser Heimatplanet, droht zu ersticken!
Und ihr beiden Helden seid einfach abgehauen, was?
Wo denken Sie hin! Unsere Aufgabe ist es, unseren Planeten am Leben zu erhalten, bis wir mit der Massenproduktion von Sauerstoff beginnen können.
Wenn wir bis dahin den fehlenden Sauerstoff von hier bekommen, ist unsere Zukunft gesichert, und wir brauchen Sie nicht mehr zu belästigen!
Und wie transportiert ihr den Sauerstoff? Ich seh' keine Raumschiffe!
Dazu haben wir ein Spezialgerät entwickelt, das der Luft Sauerstoff entzieht und extrem verdichtet!
Ein sogenanntes Synchroton verleiht ihm die nötige Geschwindigkeit, um zu unserem Planeten zu fliegen!

Hier steht der Apparat, der der Luft den Sauerstoff entzieht!
KLOPF! KLOPF!
Das Verfahren stellt für uns kein Problem dar!
Wären Sie denn mit einigen wenigen Lieferungen einverstanden?
Tja, einige wenige Lieferungen, bei denen die Gefahr besteht, daß **mir** die Luft ausgeht!
Tut mir leid!
Sie müssen nur während der kritischen Zeit dem Krater fernbleiben!

Ich denke nicht daran, meinem Eigentum fernzubleiben!
Wie meinen Sie das?
Diese Insel gehört mir, und eure Aktivitäten behindern die Aktivität meiner Arbeiter!
Ich habe ja Verständnis für eure Lage, aber ich muß euch leider bitten, euch den Sauerstoff woanders zu beschaffen!
Aber wir können die Sauerstoffzufuhr nicht unterbrechen! Wollen Sie uns zerstören?
Das ist eure Sache!
Dann mache ich Ihnen folgendes Angebot: Wir lassen Ihnen das Synchroton als Gegenleistung hier!
Was soll ich damit?

Vielleicht ist es nützlich!
Versuch's doch!
Hoppla!
ZISCHHH!
Ah! Fühl'ich mich auf einmal wohl! So frei!
Einverstanden!
Das freut mich!
Kinder, diese Sauerstoff-dusche ist wahrlich ein Jungbrun-nen!

Kurze Zeit darauf...
Das war die letzte Lieferung!
WOSCHHH!

Kommt gut heim, ihr beiden!
WRUMMM!

Hoffentlich ist ihr Problem damit auch wirklich gelöst!
WOSCHHHH!
Meins ist es jedenfalls! Das ist die Hauptsache!
Dieser Apparat ist entspannender und kräftigender als jede Vitaminpille!
Los! Stellt ihn noch mal an!
AAAAAAH!
ZISCHHH!
Da! Fürs Personal!
SCHNIPP!

Einen Taler!!!!
Nicht zu fassen!
Ob das die Nebenwirkungen des Apparats sind?
Das ist die einzige Erklärung!
Steck ihn gleich weg!
Falls er's sich anders überlegt!
Ich glaub', die Entenhausener Luft bringt Onkel Dagobert bald wieder zu sich.
Weit gefehlt...
Für euch!
Ähem...
SCHNIPP!
SCHNAPP!

Jetzt fang bloß nicht an zu meckern, Donald!
PLING!
Kurz darauf...
Wie der sich verändert hat!
Hoffentlich bleibt es so!
Das hoffe ich nicht!
Wieso denn?
Seit Ihr Herr Onkel mit Sauerstoff duscht, führt er seine Geschäfte anders als vorher!
Er ist viel friedlicher geworden!
Das ist doch gut!

Nicht unbedingt! Seine Gegner bezichtigen ihn neuerdings unlauterer Machenschaften!
He! Wer schreit da?
Entschuldigen Sie mich! Ich muß öffnen! Die Nachmittagsabordnung wartet schon!
Macht, daß ihr wegkommt! Verschwindet!
DD

Aua!
Wie brutal!
BOING!
Tja, es ist eben schwer, es allen recht zu ma- chen!
Hoher Besuch...
Herr Duck! Der Herr Bürgermeister!
Ich habe mit Ihnen zu reden, Herr Duck!
Es geht nicht an, daß Sie die Ordnung unserer Stadt stören!
Durch Ihr verändertes Geschäftsgebaren ist unsere Wirtschaft völlig durch- einandergeraten!

Streiks, Inflation und Arbeitslosigkeit bedrohen uns!
Wenn Sie nicht augenblicklich zu Ihrer früheren Geschäftspolitik zurückkehren, lass' ich Sie verhaften!
Wie bitte?
Einige Zeit darauf...
Für Onkel Dagobert hat es sich jetzt ausgeduscht!
Dann ist es mit dem Geldsegen leider auch vorbei!
Onkel Donald wußte wohl noch nichts...
...von der Wandlung!
Sonst hätte er sich diese Abfuhr ersparen können!
DD
So schnell wendet sich das Blatt!
PLUMPS!
Über seine erneute Wandlung informiert Onkel Dagobert auch die Presse...

Wie kam es dazu?
Nun, ich beugte mich dem Druck der Öffentlichkeit!
Ich mußte erfahren, daß Gutmütigkeit und Großzügigkeit in unserer Gesellschaft noch weniger gefragt sind...
...als Unterdrückung und Ausbeutung! Also beute ich eben wieder aus!
Ich danke Ihnen für dieses Gespräch, Herr Duck!
Bitte sehr!
DD
ENDE

Walt Disney
DONALD IN GEHEIMER MISSION
Dagobert Duck
Multimilliardär und Chef der P.I.A.*
Colt Finger
Mit allen Wassern gewaschener Gangster im Dienst einer fremden Macht
Donald alias Geheimagent QQ7
Colette Finger, seine Nichte
Die Panzerknackerbande
*Private Intelligence Agency oder zu deutsch: Privater Geheimdienst.

Unsere Geschichte beginnt nicht am weltberühmten Strand eines mondänen Badeorts, in dem sich der internationale Jet-set ein Stelldichein gibt — nein, sie fängt schlicht und einfach in Entenhausen an...
RRRRRRING!
Herrn Donald Duck Entenhausen
EXPRESS

Tag! Ein Eilbrief für Sie. Der paßt leider nicht in den Briefkasten!
Ach du Schande! Das wird doch keine Mahnung sein?! So große Schulden hab' ich doch momentan gar nicht!

Ein zweiter Umschlag! Die machen's spannend! Muß ja was enorm Wichtiges sein!
Noch einer! So was Verrücktes! Nicht mal Staatsgeheimnisse werden so gehütet!
Dem dritten Kuvert folgt ein viertes und ein fünftes...
Jetzt reicht's mir aber bald! Noch ein Umschlag, und ich verbrenn' alles! Wer zum Kuckuck...
Na endlich! Was? Der Brief ist ja von Onkel Dagobert!
D.D. an D.D.
Erscheinen bei meinem Sekre-
tär erbeten. Erkennungssatz:
„Tante Martha hat ein Hühner-
auge am rechten Finger!" Seine
Antwort wird lauten: „Mein
Onkel Gustav am linken
Fuß!" Briefinhalt auswendig
lernen, Zettel durch
Hinunterschlucken
vernichten!

Hmmm... fehlt eigentlich nur noch, daß er verlangt, ich soll als Bauchredner kommen.
Brrr! Widerlich! Wenn er da kein besseres Aroma hinkriegt, kauft ihm das kein Mensch ab!
Das muß ich ihm gleich sagen! Dann kann er mir auch die Sache mit den Hühneraugen erklären!
DD
ACHTUNG! VERMINT!
HALT!
Außerdem weiß ich sowieso nicht, was das soll. Ich hab' gar keine Tante Martha!
Mein Onkel schreibt, ich soll mich bei Ihnen melden! Wer ist eigentlich diese Tante Martha mit dem Hühnerauge am rechten Finger?
PSSSSST!
Onkel Gustav hat eins am linken Fuß!
Ja, ja! Das weiß ich doch bereits aus dem Brief.
T
T
T
T
T

Was? Da unten ist Onkel Dagobert? Rätsel über Rätsel!
Kommen Sie, der Chef erwartet Sie!
Ich wußte ja gar nicht, daß es hier einen unterirdischen Gang gibt!
Möcht' mal wissen, was die Ampel vor der Tür soll! Na ja, es ist Grün, dann kann ich wohl reingehn!
BEI ROTLICHT ZUTRITT VERBOTEN!
Also, erst mal muß ich dir in aller Offenheit sagen, daß dein Papier gräßlich schmeckt, und dann...
PSSSSSST!

Ich muß erst das Radio aufdrehn für den Fall, daß der Gegner hier irgendwo Wanzen versteckt hat!
Lieber Neffe, es ist an der Zeit, dir ein Geheimnis anzuvertrauen! Ich bin der Chef der P.I.A.
So? Und was ist das?
Ein ordnungsgemäß zugelassener privater Spionageabwehrdienst zur Verteidigung meines hart erarbeiteten Geldes!
Ich bin sprachlos!
Kürzlich haben meine Agenten in Erfahrung gebracht, daß Colt Finger, einer der genialsten Gangster, einen perfekten Plan ausgearbeitet hat, um meinen Geldspeicher im Auftrag einer fremden Macht auszurauben!
Ich erteile dir hiermit den Auftrag, Colt Finger zu beschatten und mir einen Mikrofilm seines Plans zu verschaffen!
Hast du dafür denn nicht deine Agenten?
Schon, aber die kennt er inzwischen alle! Also, nimmst du an?
Und ob! Für den Geheimdienst arbeiten zu dürfen, war schon immer mein größter Wunsch!

Dann wirst du hiermit als Sonderagent mit der Nummer sieben registriert. Ab heute bist du nicht mehr Donald, sondern Agent QQ7, wobei 'QQ' soviel wie 'quasi qualifiziert' bedeutet!
Hier ist deine Lizenz. Bewahr den Schein aber gut auf.
Wieso Schein? Ist das 'ne Art Jagdschein?
Ja, aber nur für die Jagd auf Spione und anderes „edles Wild"! Komm jetzt!
Nanu! Da steht ja mein Wagen!
Sagen wir, er sieht aus wie dein Wagen!

Herr Düsentrieb hat ihn genau nachgebaut! Erklären Sie meinem Neffen doch bitte, wie er funktioniert!
Mit Vergnügen! Das Wägelchen hat einen Turbolader, es macht seine 300 Sachen. Außerdem ist es mit einem Schleudersitz für den Notfall... äh... Sie verstehn schon...
Mit dem Radar können Sie jedem Fahrzeug folgen, und zwar in sicherer Entfernung!
Zwei besondere Leckerbissen sind der Nebelwerfer hier und die beiden Maschinengewehre unter den Lampen! James Bond ist nichts dagegen!
Das Nonplusultra aber ist zweifellos ein Hebel, der aus dem Wagen durch Längsteilung in Null Komma nichts einen Roller macht!
Phantastisch!

Und noch eins, Herr Duck! Sie dürfen niemals diese Mütze abnehmen!
Wieso? Was ist an der denn Besonderes dran?
Ich hab' darin einen Mikrosender versteckt! Die Antenne befindet sich unter dem Hutband!
Einfach toll!
Und diese Spezialknöpfe für Ihre Weste enthalten eine Säure in Sprayform!
Klasse!
So, und jetzt nimm noch diese Golfschläger!
Aha! Wahrscheinlich sind das in Wirklichkeit Gewehre mit Schalldämpfern, und die Bälle sind Bomben, Stimmt's?
Falsch! Es sind schlicht und einfach Golfschläger! Damit nimmst du Kontakt zu C.F. auf, der ein leidenschaftlicher Golfer ist!
Oh!
Und denk immer dran: die Sicherheit meiner geliebten Taler liegt in deinen Händen, QQ7!
Zu Befehl, Chef!

Mach dir keine Sorgen, Onkel Dagobert, dein Geld ist bei mir bestens aufgehoben!
?
Iiiih!
SPRIIITZ!
Tut mir leid, ich dachte, es wäre der Anlasser!
Puuuh!
Gehen Sie am besten gleich auf Empfang, Herr Ingenieur, falls Donald irgendwelche Neuigkeiten sendet!

Es wäre wahrscheinlich sicherer gewesen, einen richtigen Agenten einzustellen, aber das hätte mich das Doppelte gekostet.
Doch selbst er kann mir von Nutzen sein! Bei seiner Trotteligkeit durchkreuzt er garantiert die Pläne von Colt Finger.
?
Was ist? Wieso sehn Sie mich so komisch an, Herr Düsentrieb?
Schnell, sagen Sie was! Was Ihnen grade so einfällt. Egal, was es ist!
Geld, Geld, nur du allein sollst meines Lebens Wonne sein!
Oje-mine!
Was ist denn los, Herr Düsentrieb? Hab' ich was Falsches gesagt?
Ich komm' gleich wieder!

Nein!
Was ist denn auf einmal in Sie gefahren? Machen Sie sich nicht unglücklich, Mann!
Halt! Stehenbleiben! Laufen Sie doch nicht weg!
Ogott! Ich bin umzingelt!
Nein! Tun Sie's nicht! Denken Sie an die Folgen!
Keine Bewegung!
ZACK!
Urg!
Na endlich!

Um die Beule geht's mir ja gar nicht, aber um meinen Zylinder! Der war noch fast neu!
Donalds Leben ist mehr wert als ein Zylinder!
Schaun Sie mal, was da alles drin ist! Ich hatte nämlich plötzlich Ihre Stimme in meinem Kopfhörer!
Das heißt, Finger weiß alles über Donald!
Und von wem, bitte sehr, stammt dann die zweite Wanze?
Armer Donald! Jetzt hast du es mit zwei gefährlichen Gegnern zu tun und ahnst nicht mal, in welcher Gefahr du schwebst!
So ist es! Ich möchte nicht in seiner Haut stecken!
Unterdessen...
So! Da wären wir! Auf in den Kampf!
GOLFCLUB ENTENHAUSEN

?
ZINNNNNG!
KRACKS!
Nanu?
Der Herr wünschen Golf zu spielen?
Ja, wenn Sie mir aus der Schale helfen könnten!

Wenn ich dann um 300 Taler bitten dürfte.
300 Taler für eine einzige Partie Golf? Das ist ja der reinste Wucher!
Nicht ganz! 10 fürs Spiel und 290 fürs Fenster!
Sie sind wohl Hellseher. Mehr als 300 hab' ich nämlich nicht bei mir!
Verdammte Technik! Ich wollte doch nur die Tür aufmachen! Dabei muß ich den Hebel für den Schleudersitz erwischt haben!
Und erst vorhin 100 Taler Strafe wegen Verkehrsgefährdung, nur weil ich aus Versehen den Nebelwerfer betätigt habe!
Der Beschreibung nach muß das Colt Finger sein! Jetzt heißt's aufpassen!

Ich weiß schon, wie ich's mache: Ich werde einen Mordsdrive landen, Finger gratuliert mir, und der Kontakt ist hergestellt!
Dann lass' ich mich von ihm einladen, und in der Nacht fotografier' ich den Plan und schick' den Film an Onkel... äh... an den Chef!
HEPP!
ZACK!
KLACK!
BOING!
Auaaa!
He! Waren Sie das etwa?
Ich... äh... ich... es tut mir...

Mich hat noch keiner getroffen, ohne dafür zu büßen!
Ach du Schreck! Einer seiner Wutanfälle! Davor hat man mich bereits gewarnt!
WUTSCH!
ZACK!
SWUSCH!
Huch!
Dieser Quadratlatschen ist ja das reinste Wurfgeschoß.
Na warte, du...
Wo steckt denn jetzt dieses Würstchen?

Suchen Sie jemand? Hier bin nur ich!
Er ist mir entwischt! Aber wenn ich den zwischen die Finger kriege, ist was fällig!
Ich glaub', ich muß einen anderen Driver nehmen! He! Was suchen Sie denn hier drin?
Ist er weg? Puh! Das war knapp!
Verlassen Sie auf der Stelle meinen Köcher, mein Herr!
Mit Vergnügen! Und danke für die Gastfreundschaft!
So eine Unverschämtheit!
Jetzt brauch' ich mich Colt Finger nur an die Fersen zu heften!
Auf geht's! Mein Radar hat ihn schon aufgespürt.
PIEP! PIEP! PIEP!

Bald darauf...
Eine solche Arbeit lob' ich mir! Einfach, ruhig und gefahrlos! Grad nach meinem Gusto!
PIEP! PIEP! PIEP!
Nanu?
RATATATA!
Hat sich was mit ruhiger Arbeit! Sieht ganz so aus, als würd' ich verfolgt. Das ist bestimmt ein Komplize von Finger.
Aber ganz egal, wer das ist! Ich verdufte lieber!
Herr Düsentrieb hat nicht zuviel versprochen! Der beschleunigt fast wie eine Rakete! Damit häng' ich jeden ab!
?
SPOTZ! SPUCK!
SPOTZ!

Typisch! Da investiert der alte Geiz-
kragen Tausende in so ein Wunder-
auto, aber wenn's ums Benzin geht,
klemmt er! Da soll man nicht aus der
Haut fahren!
Schnell, machen
Sie den Kanister
voll, guter
Mann!
Wie lange dauert
das denn noch?
Ich hab's furcht-
bar eilig!
Macht sie-
ben Taler!
Ja, sofort... nanu...
wo steckt denn mein
Kleingeld? Hier!
Nein! Ach, jetzt
hab' ich kein
Geld dabei!
Ohne Geld kein Benzin!
Warten Sie doch!
Dann schreib' ich
Ihnen eben einen
Scheck aus!
TANK-
STELLE

Einen Augenblick!
Krieg' ich jetzt endlich mein Benzin? Lassen Sie gefälligst den Kanister los!
Nicht so hastig! Ich muß erst kontrollieren, ob er gedeckt ist!
Neiiiin! Auch das noch! Seh' ich etwa wie ein Scheckbetrüger aus?
Nummer der Scheckkarte... über sieben Taler... klar kann ich warten! Sehn Sie nur in Ruhe nach!
Sind Sie des Wahnsinns, Mann? Ich hab's eilig!
Der Scheck ist okay! Danke, der Herr!
Na endlich, Sie Penner!
Ich glaub' fast, der hatte es eilig.
TANK-STELLE
Bei dem langen Aufenthalt ist es ein Wunder, daß der schwarze Wagen noch nicht vorbeigekommen ist!

Oje!
Stehenbleiben! Hände hoch!
QUIIIETSCH!
Die Panzerknacker! Wißt ihr nicht, daß bei mir nichts zu holen ist? Ihr müßt mich mit meinem Onkel verwechseln!
Quatsch nicht! Wir wissen alles, QQ7! Harhar!
20-21
23-24
27-28
Ja, wieso...
Wir haben deinem hochverehrten Onkel eine Wanze untern Zylinder geschmuggelt! Du siehst, wir sind clevere Bürschchen.
20·21
Wir haben uns gesagt: Warum klauen **wir** nicht den Plan und räumen seinen Geldspeicher selber aus?
Nicht schlecht, was, QQ7?
27-28

Weil wir's aber nicht gern haben, wenn uns Schnüffler in die Quere kommen, wirst du unser Gast sein, bis die ganze Sache gelaufen ist und wir den Zaster haben.
Steig ein!
Ich hab' drüben im Wagen noch 1000 Taler Spesen liegen. Die möcht' ich gern mitnehmen. Bei dem Gesindel heutzutage weiß man nie...
Gut, hol sie. Tu dir keinen Zwang an!
Da ist zwar kein wahres Wort dran, aber in der Not ist jedes Mittel recht!
He! Wo kommt denn auf einmal der Nebel her?
So ein gemeiner Trick! Schnell hinterher! Sonst entwischt er uns!

Hab' ich dich, Bürschchen! Du hast wohl geglaubt, du kannst uns an der Nase herumführen, was?
ZACK!
KNUFF!
AUAAAAAA!
Na endlich! Der Nebel verzieht sich langsam!
Du?
Mann, bist du beknackt! Ich hätte ihn gehabt, wenn du mich nicht so krampfhaft festgehalten hättest!
20-21
Nur keine Aufregung! Dem verpass' ich ein paar in die Reifen!
22-23
27-28

Der Reifen ist hin! Jetzt muß ich mein Auto teilen!
RATATATA!
KNALL!
RATSCH!
Ich hätt' mir ja gleich denken können, was der Alte unter Roller versteht! Ein Tretroller! Phh!
RUMS!
Auf meiner Ranch bin ich König! Jippieh!

Jippieh!
Kreisch!

Rein mit dir, und keine Fisimatenten! Verstanden?!
Pah! Das war verdammt unfair! 100 Pferdestärken gegen eine Fußstärke!

Wo bringt ihr mich denn hin?
Schnauze, Kleiner! Wenn hier jemand Fragen stellt, sind wir das! Klar?
Damit wäre deine Agententätigkeit fürs erste beendet, QQ7! Har! Har!
ZACK
Tja, mein liebes Mäuschen, da muß ich mich wohl geschlagen geben! Hier nützen mir alle meine Geheimwaffen nichts mehr! Seufz!
Pieps!
Wenn du mir nur helfen könntest ...laß mich mal überlegen...
Pieps!
Normalerweise ernähren sich Mäuse im Knast von dem, was die Häftlinge übriglassen! Wenn es aber nichts zu nagen gibt... halt! Ich hab's!
Pieps!
Hier kommt dein Essen! Laß es dir schmecken nach den Aufregungen!
Nimm es wieder mit! Ich will nichts essen!

Ich hab' beschlossen, in Hungerstreik zu treten, um gegen meine Haft zu protestieren!
Von mir aus! Du schadest dir ja nur selber! Lang hältst du das sowieso nicht aus!
Doch!
Zur großen Enttäuschung der kleinen Maus verweigert Donald die Nahrungsaufnahme auch weiterhin und läßt zwei Tage lang das Essen zurückgehen...
Sieh mal! Hühnerkraftbrühe von glücklichen, freilebenden Hühnern. Und danach Huhn mit Gemüse, Obst und Eis! Ist das immer noch nichts?
Schmatz! Schleck!
Quiek!
22-23
Ich esse nichts! Und damit basta!
?
Wie du willst! Pfeif, wenn du's dir anders überlegt hast!
Schluck! Fiep! Fiep!

Ich bin ziemlich am Ende, aber ich glaub', du bist noch schlimmer dran als ich, du armes Kerlchen.
Bald kannst du nicht mehr, stimmt's?
SCHLURP!
Ja, bedien dich ruhig. Genau das wollte ich. Und der Hanf, aus dem die Stricke gemacht sind, soll ja sehr vitaminreich sein!
MJAM! KNABBER! MJAM! NAG!
Endlich frei! Jetzt kann ich doch noch meinen Spezialknopf betätigen!
Herr Düsentrieb hat nicht übertrieben! Die Säure läßt das Eisen schmelzen wie Butter in der Sonne.
Du verdienst es, als erster frei zu sein! Und wenn wir uns mal wiedersehn sollten, spendier' ich dir einen großen Käse! Abgemacht?
QUIEK!

So! Jetzt bin ich dran! Nichts wie weg!
Vielleicht sagt dir mein getrüffeltes Huhn mehr zu! Dem hat noch keiner widerstehen können!
He! Alaaarm! Der Gefangene flieht!
Alarm! Alarm! QQ7 ist ausgebrochen! Alarm!
Lang halt' ich das Tempo nicht durch. Die Diät hat mich ziemlich geschwächt!
Hinterher! Er darf uns nicht entkommen!

Seit drei Tagen nichts im Magen! Ich spür' schon, wie meine Kräfte nachlassen!

Wir müssen ihn unbedingt erwischen!
Genau! Er ist eine zu große Gefahr für uns!
PENG!
PENG!
Der ist imstande und schnappt uns den Plan vor der Nase weg.

Keuch! Hinter dem Auto kann ich vielleicht ein paar Minuten verschnaufen!
Jetzt sitzt er in der Falle! Ich geh' rechts rum, du links, dann haben wir ihn.
Au Backe! Langsam wird's brenzlig.
27-28
20-21
Hände hoch, QQ7! Das Spiel ist aus!
20-21
Wo... wo ist er denn hin?
Eben war er doch noch da!
27-28
20-21

Wären die Herren wohl so freundlich, mich durchzulassen?
Was ist los? Ach so! Ja, gern.
Dem steht nichts im Wege!
Aufgepaßt! Gleich haben wir den Kerl! Der hat sich bestimmt unter der Karre versteckt!
Auch nicht!
Ja, aber wo ist er denn dann? Das ist mir ein Rätsel!
Schau dich vorsichtshalber noch ein bißchen hier um! Ich benachrichtige inzwischen die anderen!

He, Leute! QQ7 ist verduftet!
Dann müssen wir sofort was unternehmen! Am besten, wir holen uns den Plan noch heut nacht!
Aber wartet wenigstens, bis ich fertiggebadet habe!
Inzwischen...
Sie können jetzt rauskommen! Wir sind außerhalb der Gefahrenzone!
?
Ich weiß nämlich aus eigener Erfahrung, was das für eine Gegend ist! Da braucht man fast Polizeischutz!
Sie haben mir das Leben gerettet! Vielen Dank!
Aber ich bitte Sie! Wo wollen Sie denn aussteigen?
Am ersten Lokal, das wir sehen! Ich hab' drei Tage nichts gegessen!
Hier gibt's keine Lokale! Aber ich fahre direkt zur Ranch meines Onkels! Wollen Sie nicht unser Gast sein?
Das ist sehr freundlich, Fräulein...

Colette Finger ist mein Name.
Finger? So ein Zufall! Dann nehme ich Ihre Einladung noch mal so gern an!
Das Glück ist mir hold! Wenn die wüßte, daß sie mich direkt in die Höhle des Löwen führt!
Wir sind da! Gleich kriegen Sie was zu essen.
COLT-FINGER-RANCH

Onkel Colt, ich bringe einen Gast mit, dem ich vorhin aus einer großen Verlegen-heit helfen konnte.
Aha! Wir beide kennen uns bereits! Vom Golfplatz! Er-innern Sie sich?
Äh... ja. Der Zwischenfall tut mir leid, Herr Finger. Es war nicht mei-ne Absicht!
Schon vergessen, mein Lieber. Es ist noch kein Meister vom Him-mel gefallen! Einen Aperitif?
Nein danke! Im Augenblick hab' ich wahrhaftig keinen Appetitanreger nötig!
Es ist serviert, Sir!
Darf ich Sie zu Tisch bitten?
Um diese Zeit fährt kein Bus mehr! Wollen Sie nicht hier übernachten und erst morgen früh nach Entenhausen zurück-fahren?

Sie nehmen mir das Wort aus dem Mund! Genau darum wollte ich Sie bitten.
Gut! Kommen Sie mit! Ich zeige Ihnen Ihr Zimmer.
Gern! Gute Nacht, Fräulein Colette. Und nochmals vielen Dank!
Aha! Da steht also sein Tresor! Ein Fischer 28 B! Ich würde glatt eine Million wetten, daß er da drin den Plan aufbewahrt hat!
Wünsche wohl zu ruhen!
Danke, ebenfalls!
Von Ruhen kann keine Rede sein. Noch heut nacht fotografier' ich den Plan und schicke den Film an Onkel Dagobert.

Gegen Mitternacht...
Alles schläft! Einsam wacht... hihi! Jetzt kommt der große Auftritt von QQ7!
Ich muß schon sagen, ein Indianer auf dem Kriegspfad ist ein Waisenknabe gegen mich.
Das darf doch nicht wahr sein! Die Panzerknacker sind mir zuvorgekommen!
21-22
Na, auch recht! Von mir aus können die ruhig die Schwerarbeit erledigen! Das machen sie zugegebenermaßen besser als ich!
Und dann trete **ich** auf den Plan! Hihihi!

Hurra! Ich hab's geschafft!
KLICK!
Her mit dem guten Stück! Ich bin gespannt wie ein Flitzebogen!
GEHEIMPLAN
BETREFF:
EIGENTUMSTRANSFER
VON DD ZU CF
Huch! QQ7!
Ihr habt wirklich gute Arbeit geleistet, Jungs! Alle Achtung!
20-21
27-28
Und jetzt her mit dem Umschlag, und dann ab mit euch!
Das ist aber keine Art, Gäste um diese Zeit vor die Tür zu setzen!

Her mit dem Kuvert, verehrter Herr Donald Duck, oder soll ich Sie lieber QQ7 nennen?
Colt Finger! Www... woher...
Ja, glauben Sie denn, ich bin so dämlich und kann nicht mal 'ne Wanze im Zylinder Ihres Onkels plazieren? Los, vorwärts!
Wo... wo bringen Sie uns hin?
Ich hab' einen einmalig schönen Keller! Genau das richtige für ungebetene Gäste!
Was? Ich soll mit denen zusammen in einen Raum? Ich protestiere!
Wollen Sie uns allen Ernstes so demütigen und mit diesem Schmalspurspion zusammensperren? Wir protestieren!
Macht, daß ihr reinkommt, und kein Wort mehr! Verstanden?

Jetzt steht der Ausführung meines Plans nichts mehr im Wege!
Ich könnte platzen vor Wut, wenn ich daran denke, was der Kerl jetzt vorhat!
Meinst du, wir nicht auch? Seit Jahren arbeiten wir an der Sache, und da kommt dieser Colt Finger daher und schnappt uns den Braten vor der Nase weg!
Kein Fenster... und Boden, Wände und Tür sind mit Stahl verkleidet...
Falls du Fluchtgedanken haben solltest, können wir dir als Experten gleich versichern, daß hier nichts geht!
20-21
22-28
Mit euren Vorkenntnissen hätt' ich mich schon längst an die Tür gemacht!
Wieso wir? Wer hat denn hier diese Wundersäure, die alles auflöst?
Meint ihr, ich bin so blöd und nehm' euch die Arbeit ab?
Anstatt zu streiten, sollten wir uns lieber zusammentun, um hier rauszukommen!

Pah! Und sobald ihr frei seid, holt ihr den Plan und raubt den Geldspeicher aus! Nichts da!
Und was hältst du davon: Wenn wir hier raus sind, holen wir den Plan und vernichten ihn!
Nein!
Im Grunde sind wir ja an derselben Sache interessiert: daß Finger seinen Plan nicht verwirklichen kann!
Es ist schon was dran! Onkel Dagobert kann sich vor den Panzerknackern besser schützen als vor Colt Finger, weil er ihre Tricks in- und auswendig kennt!
Also gut! Einverstanden! Ich hab' grad noch einen Säureknopf, der ursprünglich für die Tresortür gedacht war!
So!
Hipp, hipp, hurraaaa!

PSSSST! Nicht so laut!
Ich bitte euch, Kinder, seid leise!
Der alte Finger war sich seiner Sache ja verdammt sicher! Hat nicht mal abgesperrt!
Und der Plan liegt immer noch drin!
Dann wollen wir ihn aber schleunigst verbrennen!
Bei dir piept's wohl!
Sprunghaft, wie wir nun mal sind, haben wir's uns gerade anders überlegt!

Bring ihn schnell wieder runter, sonst kommt er uns womöglich noch mal in die Quere!
Da hast du eine Zelle, die noch wie neu ist... vor allem die Tür.
KLICK!
KLACK!
Dieser Trottel hat doch tatsächlich geglaubt, wir würden den Plan vernichten! Harhar!

Puh! Mir brummt der Schädel! Wo bin ich? Was ist geschehen?
Die Panzerknacker... der Plan... ich hätt's mir ja denken können!
Aufmachen! Ich will raus!
BUMM!
BUMM!
BUMM!
BUMM!
BUMM!
KLICK!
KLACK!
Vielleicht tut's ihnen leid, und sie holen mich raus!
Herr Finger, Sie?
Was fällt Ihnen ein, so laut zu brüllen mitten in der Nacht?! Da kann man ja kein Auge zutun!
Die Panzerknacker sind getürmt, und Ihren Plan haben sie auch!
Ich weiß!

Das wissen Sie?
Ich weiß alles! In eurer ersten Zelle hatte ich nämlich eine Wanze installiert! Ganz schön clever, was?
Und da haben Sie sie mitsamt dem Plan abhauen lassen?
Wieso nicht? Es war ja nicht der richtige Plan! Hahaha... wenn sie nach dem vorgehn... hahaha...
...graben sie einen langen, langen Tunnel, der aber nicht zum Duckschen Geldspeicher, sondern genau vor den Schreibtisch des Gefängnisdirektors führt!
Jetzt kann ich's Ihnen ja sagen: Der richtige Plan wird noch heute in die Tat umgesetzt!
Ein Flugzeug mit Morphesin, einem der wirksamsten Betäubungsgase, wird den Geldspeicher ganz tief überfliegen, und...
...in weniger als 60 Sekunden wird im und um den Geldspeicher herum alles in einen tiefen Schlaf fallen! Dann rückt eine Lastwagenkolonne an, die das Geld zum Hafen bringt, wo es sofort verschifft wird!

Und wenn der alte Duck aufwacht, sind wir längst über alle Berge... oder vielmehr Wellen! Haha!
Und Ihre Nichte? Ist die etwa auch an dem Komplott beteiligt?
Meine Nichte? Hahaha! Die hat mit der ganzen Sache nichts zu tun! Die ist genauso ahnungslos wie Ihr Onkel!
Jetzt muß ich mich aber anziehn! Die Zeit drängt! Ich lass' Ihnen von Colette das Frühstück bringen!
Das ist doch zum Verrücktwerden! Jetzt kann ich nicht mal Onkel Dagobert warnen, weil vorhin durch den Schlag auf den Kopf der Sender in meiner Mütze zertrümmert worden ist!
Das einzige, was ich noch habe, ist ein aufblasbarer Blumenstrauß vom letzten Kinderfest! Nur, was fang' ich mit dem an?
Hmm... mal sehn! Eigentlich sollte Colette längst mit dem Frühstück da sein!

PUUUST!
PUUUST!
Ich bring' Ihnen Ihr Frühstück!
Wie nett! Danke!
Hier! Die sind für Sie! Von einem stillen Verehrer!
Rote Rosen! Nein, wie aufmerk-sam!
Blumen bringen Ihre Schönheit und Anmut noch mehr zur Geltung! Ich wollte, ich könnte Ihnen alle Blumen dieser Welt zu Füßen legen!
Nicht alle, aber wenigstens ein paar davon wach-sen hier im Gar-ten!
Dann werde ich Ihnen auf der Stelle einen Strauß pflücken!
Wie galant!

Wer hätte gedacht, daß es so einfach ist, hier rauszukommen.
Huch!
Der Herr wünschen?
Ich... äh... ich wollte nur ein wenig frische Luft schnappen!
Davon würde ich dringendst abraten!
Aus taktischen Gründen muß ich das Blumenpflücken leider verschieben. Aber ich lass' Ihnen welche durch meinen Blumenhändler zuschicken!
Sie müßten nur die Bestellung telegrafisch für mich aufgeben!
Das ist kein Problem!
Inzwischen...
Noch immer keine Nachricht von Donald?
Nein, leider nicht, Herr Duck!
T

Ein Telegramm für Sie, Chef!
Geben Sie her!
„Bitte sofort 25 gelbe Dahlien, 11 weiße Rosen und 15 rote Tulpen an Fräulein Colette Finger, Colt-Finger-Ranch, senden. Donald Duck"
Dieser Nichtsnutz! Anstatt sich um seinen Auftrag zu kümmern, flirtet er auf meine Kosten!
Halt! Das muß eine Nachricht sein!
Natürlich! Für den Blumenhändler!
Nein, nein! Ich meine, ein verschlüsselter Hilferuf oder so was. Moment, das haben wir gleich.
Die Zeit verrinnt...
Kommen Sie, es geht los! Sie dürfen an meinem großen Triumph teilhaben!
T
T

Ein Betäubungs-Flugzeug ist bereits gestartet!
So, ihr Penner! Dann träumt mal schön!
DD
BSSS!
CHRRR!
BSSSSSS!
HALT!
KEINEN SCHRITT WEITER!
CHRRR!

CHRRRR!
BSSSS!
XYZ 1 an Finger! Auftrag ausgeführt!
Finger an XYZ 1! Verstanden! Ende!
Vorwärts, Jungs! Zum Geldspeicher!

Selbst das riesige Polizeiaufgebot hat dem alten Duck nichts genützt! Gegen einen Colt Finger ist eben kein Kraut gewachsen!
DD
BSSSS! CHRRR!

Geschafft! Endlich bin ich am Ziel meiner Träume! Jetzt kann mich nichts mehr aufhalten!
KEINEN SCHRITT WEITER!

Los! Rammt die Tür ein! Geniert euch nicht!
Augenblick mal!
Wollen Sie Zwerg mich etwa daran hindern?
Nein, nein, ich wollte Ihnen nur vorschlagen, daß Sie zuerst nachsehen, ob sie nicht schon offen ist! Wäre doch schade um die teure Tür!
Sie **ist** offen!
Na bitte, was hab' ich gesagt!
Ich kann's kaum erwarten!
300 Kubikmeter Taler! Wenn das kein erhebender Anblick ist!
BSSS!
BSSS!
T
T
T
300 m³

Damit kann man die ganze Welt kaufen! Meine Auftraggeber werden mir die Füße küssen vor Begeisterung!
Darauf können Ihre Füße lange warten. Das einzige, was sie sehen werden, ist eine Kette mit einer Eisenkugel!
Hä?
Ergeben Sie sich! Jeder Widerstand ist zwecklos!
Niemals!

Vorsicht! Der Schuh hat eine Stahlsohle! Der ist das reinste Wurfgeschoß!
Keine Sorge! Auch das hab' ich einkalkuliert!
?
Nehmen Sie ihn fest.
Spielverderber!
Wenn ihr ihn in die Zelle bringt, nehmt ihm nicht die Schnürsenkel, sondern am besten gleich die ganzen Schuhe weg!
Herr Duck! Gerade kam ein Anruf für Sie.
Und von wem?
T
Die Hafenpolizei meldet, daß sie das Schiff gestoppt und die Mannschaft verhaftet hat!
Gut! Damit wäre auch diese Sorge ausgestanden!

Bleiben uns also nur noch die Panzerknacker, die allerdings nicht zu unterschätzen sind! Aber da findet sich gewiß auch eine Lösung!
Wegen deiner Lieblingsfeinde brauchst du dir keine Sorgen zu machen!
So ist es...
An dieser Stelle müssen wir laut Plan nach oben graben! Aber mir kommt die Richtung irgendwie komisch vor!
Meinst du etwa, Colt Finger hat sich geirrt? So blöd ist der garantiert nicht! Los! Weitergraben!
Hallo! Wen haben wir denn da? Nett, euch zu sehen!
Ich werd' verrückt! Der Gefängnisdirektor! Wieso... warum...

Und so...
Ich hätte nie gedacht, daß ihr so bald Heimweh verspüren würdet! Aber ihr wißt ja, eure Zelle steht jederzeit für euch bereit!
Diese Freudenbotschaft muß ich gleich Herrn Duck übermitteln!
...und Sie haben zusätzlich noch die Gitterstäbe verstärken lassen? Danke, Herr Direktor! Das hör' ich gerne!
Also, Donald, ich muß sagen, du hast mich angenehm überrascht!
Sag mir nur eins: Wieso waren die Polizisten alle wach, obwohl sie keine Gasmasken aufhatten?
Das haben wir Herrn Düsentrieb zu verdanken! Er konnte noch rechtzeitig ein Gegenmittel entwickeln!

Was hältst du von einem Urlaub auf Hawaii, Donald?
Phänomenal! Kannst du Gedanken lesen?
Hier sind die Tickets!
Wieso zwei? Wer kommt denn noch mit?
Jemand, der dich und meine Taler mit einem verschlüsselten Telegramm gerettet hat!
Ehrlich gesagt, mir wäre lieber...
Laß mich ausreden! Fräulein Colette Finger alias Agentin 004 alias Daisy! Irgendwelche Einwände?
Als Colt Finger seiner entfernten Verwandten telegrafierte, die er noch nie gesehen hatte, ließ ich das Telegramm abfangen und habe Daisy eingeschleust!

Leider vertraute sich Colt Finger ihr nicht an, und so...
...hast du mich eingesetzt!
Bist du jetzt einverstanden, mit der hier anwesenden Dame nach Hawaii zu fahren?
Und ob! Aber du solltest noch drei weitere Tickets für die Kinder drauflegen!
Am Ende...
Keuch... keuch... jeden Tag erinnert sie mich an mein Versprechen, das ich ihr in einer Zwangslage gegeben habe! Und das schlimmste ist: Ein Ende des Sommers ist nicht abzusehen!
Hihi! Kicher!
Hihi! Kicher!
Hihi! Kicher!
ENDE

Die klassische Sammleredition

Ein Leckerbissen für alle Fans von Carl Barks

Donald Duck Klassik Alben.
Bereits fünf Bände lieferbar.
Jeweils 200 Seiten in feiner Aufmachung.
Überall wo es Bücher gibt.

© The Walt Disney Company

Walt Disney

ehapa COMIC COLLECTION